La **consommation**

Textes d'Isabelle Nicolazzi
Illustré par Christophe Besse
et Laurent Audouin (couverture et page 1)

MILAN
jeunesse

Charte de l'environnement

Extrait

Chacun a le droit de vivre dans un environnement équilibré et respectueux de la santé. (Art. 1er.)

Toute personne a le droit de prendre part à la préservation et à l'amélioration de l'environnement. (Art. 2.)

Texte adopté par le Parlement réuni en Congrès, le 28 février 2005.

SOMMAIRE

Les mots signalés par un astérisque (*) à leur première utilisation sont expliqués dans le glossaire p. 30.

Consommer mieux, consommer moins!

Acheter, dépenser, acquérir, c'est consommer! De la baguette à notre télévision ou nos prochaines vacances, en passant par l'assurance automobile, l'acte d'achat fait totalement partie de notre quotidien. Aujourd'hui, la croissance de la population mondiale, la transformation ou l'amélioration de nos styles de vie et la pression publicitaire nous conduisent à fabriquer et à consommer toujours plus.

Cette course à la consommation nous amène à une situation très inquiétante : nos ressources naturelles s'épuisent, l'air, l'eau et les sols sont pollués, nous ne savons plus quoi faire de nos déchets et les inégalités entre les pays pauvres et les pays riches ne cessent de se creuser. Dans les pays développés, comme la France, nous consommons beaucoup trop. Si le monde entier vivait comme un Français, il nous faudrait deux planètes supplémentaires pour recourir à nos besoins.

En tant que consommateur, nous devons prendre conscience que chacun de nos achats a des effets sur notre environnement. Alors à notre niveau, quel est notre impact et notre part de responsabilité? Que pouvons-nous faire? Nous devons modifier chaque jour notre façon d'acheter pour consommer mieux, consommer moins et réduire nos déchets. Il appartient à chacun d'entre nous de changer de toutes petites choses dans son mode de vie et dans son comportement de consommation pour permettre à la planète de rester en bonne santé.

Nous n'avons qu'une seule petite planète et il faut la préserver pour la laisser en bon état à nos enfants et nos petits-enfants!

Consommer pour vivre

Contrairement aux hommes préhistoriques, les hommes d'aujourd'hui ne savent généralement plus assurer eux-mêmes leur survie : faire du feu, cultiver, chasser et pêcher pour se nourrir, construire leur habitat, fabriquer des outils et des vêtements... Ils doivent faire appel à l'industrie de consommation* pour subvenir à leurs besoins, des plus essentiels aux plus superflus.

Une autre époque

Il y a 4 500 ans, un homme possédait bien peu de choses : des poteries pour conserver ses aliments, quelques outils en silex pour chasser, des colliers en dents de sanglier, des perles en bois de cervidé pour se parer et une peau pour s'habiller.

Production

Aujourd'hui, nous sommes en quelque sorte dépendants de l'industrie qui nous fournit tout ce dont nous avons besoin. En effet, qui est capable de fabriquer lui-même sa voiture ou ses lunettes de vue ?

LES TEMPS MODERNES

Au cours de la révolution industrielle du XIXᵉ siècle, la France est passée d'une production artisanale et manuelle à une production en grande série, à l'aide de machines. Cette transformation a démarré grâce à l'invention de la machine à vapeur et du métier à tisser.

Elle a provoqué un changement complet dans la manière de vivre des gens : jusque-là, les hommes ne pensaient qu'à subvenir à leurs besoins immédiats (manger, s'habiller...). Désormais, ils peuvent consacrer du temps à améliorer leur qualité de vie.

La plus vieille industrie

Il s'agit de la taille du silex pour fabriquer des outils. Elle date de 2,5 millions d'années !

Société développée

Un pays développé est un pays dans lequel la majorité des habitants peut satisfaire ses besoins essentiels (nourriture, logement, santé...) et ses besoins plus superflus (loisirs, habillement, voyage...). C'est le cas de la plupart des pays de l'hémisphère Nord.

Espèce de sous-développée !

inventaire du petit consommateur

Que doit acheter ta famille pour subvenir à ses besoins ?
Prends une feuille de papier et liste dans chacune des catégories ci-dessous tout ce que ta famille achète et consomme sur une période d'un mois.

• Pour manger et boire

• Pour se loger, s'éclairer et se chauffer

• Pour s'habiller

• Pour se déplacer

• Pour ses loisirs

Peux-tu imaginer la vie sans ces produits ? Ta famille pourrait-elle survivre sans eux ?
Pourrait-elle les fabriquer elle-même ?
Cet inventaire te fera découvrir à quel point la consommation est au cœur de notre vie quotidienne.

Consommation et budget

Dentifrice, lait, essence, tondeuse, loyer, pain, carte de bus, ordinateur garanti 2 ans, électricité... autant de biens et de services* que l'on consomme chaque jour pour subvenir à nos besoins. C'est le principe d'une société de consommation de masse que nous connaissons en France et dans laquelle la majorité de la population a un niveau de consommation très élevé.

Livre de comptes

Dès que tu reçois ou que tu dépenses de l'argent, note-le dans un petit carnet qui deviendra ton livre de comptes. Recopie le tableau ci-dessous, adapte les dates et les exemples d'intitulés (anniversaire, bonbons...).
Chaque mois, le total de la colonne « recette » correspond à ton pouvoir d'achat.
Regroupe ensuite tes dépenses par types : loisirs, habillement, culture, gourmandise.

Date	Intitulé	Recette	Dépense	Solde
10 février 2006	Anniversaire 	+ 60 €		60 €
12 février 2006	Bonbons 		- 5,50 €	54,50 € (= 60 - 5,50)
21 février 2006	Cinéma 		- 7,50 €	47 € (= 54,5 - 7,50)
28 février 2006	Argent de poche 	+ 40 €		87 € (= 47 + 40)

Ce livre de comptes te permet de prendre conscience de la façon dont tu dépenses ton argent. Alors, quelle est ta principale dépense ?

Le SMIC
Le salaire minimum interprofessionnel de croissance est le salaire minimum en dessous duquel aucun salarié ne doit être payé.

Rythme des dépenses

Il existe des dépenses courantes, que l'on effectue tous les jours (alimentation, hygiène, santé, journaux…), des dépenses occasionnelles (vêtements, voiture, cadeaux, vacances…) et des dépenses fixes ou régulières (assurance, loyer, électricité, téléphone, impôts…).

Pendant les soldes, mes dépenses occasionnelles sont courantes !!!

Question de budget

Pour acheter, il faut avoir des recettes, c'est-à-dire des rentrées d'argent (salaires, allocations familiales, autres…). L'ensemble des recettes et des dépenses d'une personne ou d'une famille correspond à son budget.

LES BIENS ET LES SERVICES, C'EST QUOI ?

Les biens sont des produits que l'on peut toucher et éventuellement stocker tandis que les services ne le sont pas (coupe de cheveux, assurance automobile…).

Y a des p'tits services qui sont consommables !

Les biens se divisent en deux catégories :
• les produits durables* (télévision, tee-shirt…),
• les produits non durables ou consommables (litre de lait, cartouche d'encre…).

consommable immangeable !

Pouvoir magique

Le pouvoir d'achat* correspond à ce que l'on peut acheter en fonction de ses revenus. Plus on a de ressources, c'est-à-dire d'argent, plus on peut acheter et donc plus son pouvoir d'achat est fort.

Quel pouvoir d'achat magique !

Vivre pour consommer

Nous vivons aujourd'hui dans une société de plus en plus tournée vers la consommation. Et cette situation s'accélère : nous dépensons presque 3 fois plus que nos parents ou nos grands-parents à leur époque. La modernité crée des besoins chaque jour plus nombreux.

Surendettement

Pour acquérir de nouveaux biens, certains contractent des crédits* : ils demandent de l'argent à une banque qu'ils remboursent ensuite chaque mois. En multipliant les crédits, certains se ruinent. Ils ne gagnent pas assez pour rembourser. On dit qu'ils sont surendettés.

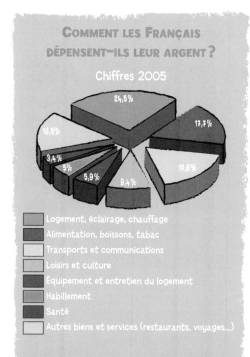

COMMENT LES FRANÇAIS DÉPENSENT-ILS LEUR ARGENT ?

Chiffres 2005

24,5%
17,7%
16,9%
3,4%
5%
5,9%
9,4%
17,6%

- Logement, éclairage, chauffage
- Alimentation, boissons, tabac
- Transports et communications
- Loisirs et culture
- Équipement et entretien du logement
- Habillement
- Santé
- Autres biens et services (restaurants, voyages...)

Lieux de consommation

Les endroits où l'on peut acheter des biens et des services se sont multipliés : magasins spécialisés, grandes surfaces, marchés, magazines de vente par correspondance, Internet, téléachat... On peut même acheter certains produits grâce à son téléphone mobile.

Tentations

Le monde du consommateur a changé
avec le **développement** de la grande
distribution*, l'**invention** continuelle
de nouveaux produits et gadgets,
la **publicité***... Hier la tendance était aux
rayures, aujourd'hui elle est aux fleurs !
La **mode** se renouvelle sans cesse, et nous
sommes tentés de la suivre.

inspecteur Conso
mène l'enquête

Dans chacune des trois catégories ci-dessous, questionne tes grands-parents pour découvrir
et lister les produits qui n'existaient pas quand ils avaient ton âge.

Alimentation	Électroménager et produits techniques	Hygiène et entretien de la maison
• capsules expresso • chewin-gum	• lecteur DVD • congélateur • radiateur électrique	• essuie-tout • assouplissant

Tu vas comprendre pourquoi on consomme 2,7 fois plus qu'il y a 40 ans.

Acheter, c'est voter !

Lorsque nous achetons un produit, savons-nous comment et dans quelles conditions il a été fabriqué ? Combien de kilomètres a-t-il parcourus pour arriver jusqu'à nous ? L'usine où il a été fabriqué offre-t-elle des conditions de travail correctes à ses employés ? Deux vêtements peuvent sembler identiques mais ils n'ont pas forcément le même impact écologique et social.

Conditions de travail

D'un bout à l'autre de la Terre, plus de 200 millions d'enfants travaillent dans les champs, dans les mines, les ateliers ou dans les cuisines. Ils travaillent parfois 16 heures par jour pour quelques euros par mois. Parmi eux, 126 millions ont un travail très dangereux.

Derrière le prix

Nous achetons souvent un produit car il n'est pas trop cher. Mais attention, un prix bas peut signifier que le produit a été fabriqué dans un pays où les ouvriers sont très peu payés et travaillent dans des conditions pénibles : horaires, cadences, produits toxiques, travail des enfants...

CHOISIR UN PRODUIT, C'EST CHOISIR AUSSI...

• Son lieu de fabrication : un produit qui a fait un long voyage pour venir jusqu'à nous a nécessité beaucoup d'énergie pour être transporté par camion, bateau ou avion.
• La façon dont il a été fabriqué : sa production a-t-elle causé des pollutions ? Les employés sont-ils bien traités ?
• La quantité et le type de déchets qu'il produira en fin de vie : est-il fabriqué à partir de produits recyclés ? Est-il lui-même recyclable ?

Virée shopping

IL TE FAUT :
- **un carnet**
- **un stylo**
- **de bons yeux**

1. Choisis 3 de tes magasins préférés : vêtements, accessoires de mode, déco, sport, papeterie...

2. Dans chacun de ces magasins, relève sur les étiquettes les noms des pays dans lesquels sont fabriqués des produits de même nature : T-shirts, jeans, paires de lunettes, cadres...

3. En rentrant chez toi, analyse tes résultats. Remplis le tableau ci-dessous et recherche les continents auxquels appartiennent les différents pays de fabrication.

Produit	Pays de fabrication (*Made in*)	Continent
T-shirt	Bangladesh	Asie
Paire de lunettes	...	...
Cadre	...	...

- Combien de produits viennent du Nord (Europe, Amérique du Nord) ?
- Combien de produits viennent du Sud (Afrique, Asie, Amérique du Sud) ?
- Y a-t-il des pays ou des continents qui semblent spécialisés dans un type de produit ?

Beaucoup de produits sont fabriqués dans des pays de l'hémisphère Sud, là où la main-d'œuvre est moins chère mais où les conditions de travail des ouvriers sont parfois très mauvaises.
La prochaine fois, seras-tu attentif aux étiquettes ?

Une planète à partager

Imagine que tu habites sur une île déserte. Quelle devrait être sa taille pour te permettre de vivre longtemps sans aide et répondre à tes besoins en nourriture, habitation, chauffage, air, eau potable, absorption de déchets ? Cette taille correspond à ton empreinte écologique*.

Test

Évalue ton empreinte écologique.

1. Comment te rends-tu à l'école ?
★ ○ À pied, à vélo ou en rollers.
● ○ En voiture.
■ ○ En transport en commun.

2. À quelle fréquence consommes-tu de la viande ?
● ○ Quasiment à chaque repas.
★ ○ Moins de 1 fois par semaine.
■ ○ 3 à 4 fois par semaine.

3. Dans quel type de logement vis-tu ?
★ ○ Dans un appartement.
■ ○ Dans une petite maison.
● ○ Dans une grande maison.

4. Que fais-tu de tes déchets ?
● ○ Tu ne tries pas tes déchets.
★ ○ Tu tries tous tes déchets
(papier, verre, plastique, aliments...).
■ ○ Tu tries en partie tes déchets.

5. Jettes-tu de la nourriture à la poubelle ?
★ ○ Jamais.
■ ○ De temps en temps.
● ○ Souvent.

Réponses page 31.

Pour faire un test complet et calculer ton empreinte écologique en hectares, rends-toi sur http://www.wwf.fr/empreinte_ecologique

NOOON... pas de bain ! c'est un choix citoyen...

Attention danger

Chaque année, l'humanité « consomme » plus d'une planète. En 2050, si on ne fait rien, et avec l'augmentation de la population mondiale, il nous faudra 3 planètes supplémentaires pour subvenir à nos besoins. Or nous n'avons toujours qu'une seule planète !

C'est pour consommer tout de suite ?

Modes de vie

Chacun de nos choix a un impact sur l'environnement : faire ses courses, prendre une douche ou un bain, voyager en voiture ou à vélo, manger tel aliment plutôt que tel autre, habiter un appartement ou une maison, choisir une nouvelle paire de baskets...

CHACUN SON EMPREINTE

La Terre ne peut supporter une empreinte écologique que de 1,9 ha par personne. Nous sommes nombreux à dépasser cette limite.

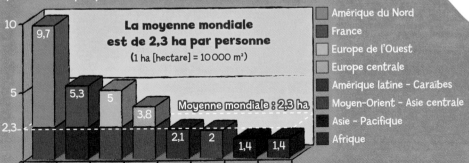

La moyenne mondiale est de 2,3 ha par personne
(1 ha [hectare] = 10 000 m²)

Moyenne mondiale : 2,3 ha

10 — 9,7
5 — 5,3 — 5 — 3,8 — 2,1 — 2 — 1,4 — 1,4
2,3

- Amérique du Nord
- France
- Europe de l'Ouest
- Europe centrale
- Amérique latine – Caraïbes
- Moyen-Orient – Asie centrale
- Asie – Pacifique
- Afrique

Derrière chaque achat se cachent des ressources naturelles comme l'eau, le pétrole, le bois... Certaines s'épuiseront un jour parce qu'elles sont non renouvelables : elles sont présentes en quantité limitée sur Terre. Nous devons les économiser si nous ne voulons pas en manquer.

HALTE À L'EMBALLAGE

Aujourd'hui, le nombre d'emballages augmente du fait de l'accroissement de la consommation et de la mode des portions individuelles, des produits à usage unique ou des plats préparés.

Cette tendance est accentuée par le phénomène du suremballage. As-tu remarqué que certains gâteaux sont vendus en sachets de quatre puis disposés dans une barquette en plastique, elle-même emballée dans une boîte en carton !

Au-delà du fait que ces emballages se transforment très vite en déchets, leur fabrication consomme beaucoup de matières premières et contribue à l'épuisement des ressources naturelles.

Quel rythme !

Certaines ressources comme l'air, les forêts ou les poissons sont renouvelables, à condition de leur laisser le temps. Or aujourd'hui, nous les utilisons à une vitesse qui ne leur permet plus de se régénérer. Chaque année, nous consommons 20 % de plus que ce que la Terre peut reconstituer.

On a soif

La quantité d'eau potable par habitant a été divisée par 3 en moins de 40 ans. Mais où est passée l'eau potable ? La majeure partie a été salie ou polluée par les activités humaines (industrie, agriculture…) et n'est plus bonne à la consommation.

Cher le kilo !

Pour fabriquer 1 kilo de téléphone mobile, il faut 134 kilos de matériaux divers : eau, plastique, métaux, papier…

Trésor planétaire

La biodiversité est l'ensemble des animaux et des plantes vivant sur Terre. L'homme y puise sa nourriture, ses médicaments, ses matières premières… Mais on estime que plus de 7 000 espèces animales et plus de 8 000 espèces végétales sont menacées de disparition à court terme.

Alternatives

Quels produits, plus respectueux de l'environnement, peux-tu choisir à la place de chacun des produits cités ci-dessous ?

A.

B.

C.

D.

E.

F.

G.

H.

i.

1. Gobelet en plastique

2. Assiette en carton

3. Mouchoir en papier

4. Essuie-tout

5. Lingette

6. Sac plastique à usage unique

7. Eau en bouteille plastique

8. Film alimentaire

9. Pile

Choisir des produits lavables, rechargeables, réutilisables ou durables fait maigrir nos poubelles et permet d'économiser des matières premières telles que le bois et l'eau !

Réponses page 31.

La planète est polluée

La production de biens de consommation et leur transport sont à l'origine de nombreux problèmes de pollution : de l'air par les fumées ou de l'eau et des sols par des rejets de produits toxiques. Sans compter que la fabrication d'un produit engendre des déchets et que le produit lui-même devient un déchet une fois usé, cassé, consommé.

Éponge

La végétation et les océans ne peuvent absorber que 2 à 3 milliards de tonnes de gaz carbonique par an, alors que nous en produisons 7 milliards.

Erreur de cible

Les insecticides répandus dans les champs par certains agriculteurs tuent des insectes sauvages non nuisibles comme les abeilles et des oiseaux, tandis que les insectes visés deviennent résistants à ces produits.

Tes yaourts au chocolat

Il te faut :
- 9 petits pots en verre
- 1 litre de lait entier
- 1 yaourt nature et sans sucre du commerce
- 50 g de chocolat (poudre, tablette...)

1. Fais chauffer le lait sans le faire bouillir. Ajoute le chocolat et mélange jusqu'à ce qu'il soit complètement fondu. Laisse tiédir jusqu'à 45 °C.

2. Mélange le yaourt nature dans le lait tiède à l'aide d'un fouet.

POLLUTION DE L'AIR

Gaz	Origine	Effets sur la santé et sur l'environnement
Dioxyde de soufre	Utilisation de combustibles fossiles (charbon, pétrole, fuel, gazole), certaines industries...	C'est un gaz irritant, responsable en partie des pluies acides qui abîment la végétation et certains bâtiments.
Monoxyde de carbone	Circulation routière, incinération des déchets...	Il provoque un manque d'oxygénation du système nerveux, du cœur et des vaisseaux sanguins.
Chlore	Usines chimiques	S'attaque aux yeux, au nez et aux poumons.
Plomb	Incinération des déchets...	Il s'accumule dans l'organisme et peut toucher le système nerveux, les reins, le foie et les poumons. Il peut aussi contaminer les sols et les aliments.
Ozone	Circulation routière, solvants (peintures....), production d'énergie...	Irritation des yeux, du nez, des poumons, toux, essoufflement...

3. Verse ce mélange dans les 9 petits pots en verre.

4. Mets 4 cm d'eau tiède (45 °C environ) dans une Cocotte-Minute. Place tes 9 pots au fond et ferme la Cocotte. Laisse-la pendant toute la nuit dans une pièce chaude ou près d'un radiateur.

5. Le lendemain, tes yaourts sont prêts. Range-les au réfrigérateur et consomme-les dans les 10 jours.

Selon tes goûts, tu peux choisir du chocolat amer, au lait, parfumé à l'orange ou à la vanille...

En réutilisant les mêmes pots en verre, tu limites tes déchets et les pollutions liées à la fabrication de nouveaux pots de yaourt!

17

De grandes inégalités

Notre mode de développement actuel, basé sur la consommation, est à l'origine de grandes inégalités entre les pays riches, qui produisent plus que ce dont ils ont besoin, et les pays pauvres, qui n'ont même pas de quoi manger. De plus, le quart le plus riche de la population mondiale consomme les trois quarts des ressources naturelles.

Fabrique des échasses maison

IL TE FAUT :
- **2 grosses boîtes de conserve**
- **4 mètres de corde**
- **1 gros clou**
- **1 marteau**

1. Perce 2 trous dans les côtés des boîtes de conserve, près du fond, à l'aide du gros clou et du marteau. Les trous doivent se trouver à la même distance du fond et face à face.

2. Enfile l'extrémité de la corde dans un trou et ressors par l'autre trou.

3. Pour savoir à quel niveau couper la corde et la nouer, place ton pied sur la boîte de conserve. Une fois le nœud fait, il doit se trouver à peu près à la hauteur de tes hanches.

4. Recommence l'opération avec la seconde boîte de conserve. Te voilà avec une super-paire d'échasses.

Astuce : pour te déplacer, il te suffit de bouger le pied en même temps que tu tires sur ton bras pour soulever l'échasse. Entraîne-toi et organise ensuite des courses de vitesse avec tes amis.

J'ai les pieds en compote !

Ça conserve !

PLOC
PLOC
PLOC

Pour s'amuser, il suffit d'un peu d'astuce et d'imagination.

Détresse

Le sous-développement de nombreux pays se traduit de la manière suivante : pauvreté, mortalité infantile, épidémies, travail des enfants, espérance de vie réduite, difficultés d'accès à l'eau potable, au logement, aux soins médicaux ou à l'éducation.

La voie politique

De nombreuses associations ou mouvements comme les altermondialistes* se battent pour que le monde choisisse un mode de développement plus respectueux des peuples, de l'environnement, de la justice, des droits humains…

Solidarité mondiale

Un événement local comme la destruction progressive de la forêt amazonienne a des conséquences mondiales sur le réchauffement climatique. La protection de l'environnement est donc l'affaire de tous.

Pauvreté
1,2 milliard de personnes, sur les 6 milliards que compte notre planète, vivent avec moins de 1 € par jour.

NIVEAU DE VIE
L'indicateur de développement humain (IDH) évalue le bien-être d'une population en fonction de son revenu par habitant, de son espérance de vie et de son niveau d'instruction.

Les 5 pays à l'IDH le plus élevé	Les 5 pays à l'IDH le plus bas
1• Norvège	1• Niger
2• Islande	2• Sierra Leone
3• Australie	3• Burkina Faso
4• Suède	4• Mali
5• Canada	5• Tchad

As-tu remarqué que les 5 pays à l'IDH le plus bas sont tous situés en Afrique ?

Le pouvoir de la pub

Les marques, à travers leurs publicités, nous vantent les mérites de leurs produits et nous poussent à la consommation. Mais quels sont nos besoins de base et quels sont les besoins créés par la société de consommation* apparue dans les années 60 ? L'accumulation de biens matériels conduit-elle au bonheur ?

Motivation

La publicité est partout : magazines, radio, télévision, Abribus, Internet… Elle veut nous séduire et nous faire rêver. Nous achetons par besoin mais aussi pour nous rassurer ou nous remonter le moral, faire comme les autres, être original ou juste frimer !

> Qu'est-ce que t'attends pour l'acheter !!

À vos marques !

La marque sert à différencier les produits ou les services d'une entreprise de ceux d'une autre entreprise. Mais certaines marques sont tellement connues qu'elles sont devenues des noms communs : Thermos, Bic, fermeture Éclair, Klaxon, Aspirine, Bikini…

Décode la pub

Trouve, pour chacune des 5 stratégies publicitaires ci-dessous, quelques exemples de publicités.

1. La famille idéale. Les membres de la famille sont beaux, à la mode, bien dans leur peau et s'entendent à merveille. En résumé, tout ce dont rêvent la plupart des parents et des enfants.

2. Le pouvoir d'une star. Un sportif ou une vedette vante les mérites d'un produit, d'un service ou d'une marque. Il exerce son pouvoir de séduction sur nous mais n'oublions pas qu'il est payé pour faire cette publicité…

L'AMI MIDORE

ZIGNAL

LA PUB CIBLE LES JEUNES

Les enfants sont bien souvent une cible privilégiée des publicités. Pourquoi ?

• Parce qu'ils sont des consommateurs comme les adultes. En effet, les Européens âgés de 5 à 10 ans reçoivent en moyenne 15 € d'argent de poche[1] chaque mois.

• Parce qu'ils guident de plus en plus souvent les choix familiaux, que ce soit pour l'achat d'une nouvelle voiture ou d'un pot de yaourt.

• Parce qu'ils sont de futurs « vrais » consommateurs et que les marques veulent les séduire dès leur plus jeune âge.

1. Sondage Ipsos/Sofinco, avril 2003.

Plus fort que toi

Un slogan est une formule choc, courte et frappante, utilisée en publicité pour séduire les consommateurs.

Mondialisation

Certaines grandes marques de baskets, de boissons sucrées ou de gels douche, par exemples dirigent le commerce mondial. Elles exploitent les richesses des pays du Sud sans que les populations locales en tirent réellement profit. Elles augmentent les inégalités et la pauvreté des pays du Sud. Renseigne-toi avant d'acheter !

4. La mascotte. Il s'agit d'un petit personnage sympathique qui vend le produit et auquel on est tenté de s'identifier ou avec lequel on voudrait devenir ami.

3. La répétition. On nous passe et repasse la même publicité, parfois même à la suite, pour bien que l'on enregistre le nom de la marque, du produit ou le message publicitaire.

5. Le rêve. Avec ce produit, on accède à son rêve : ridiculiser quelqu'un, être doté de pouvoirs magiques, être téléporté sur une plage de sable fin...

Attention, les publicitaires utilisent toutes sortes de techniques pour faire acheter leurs produits. Leurs messages sont conçus pour faire croire qu'un produit améliore la vie et rend plus heureux.

J'achète mieux

Plusieurs questions se posent au moment d'acheter un produit : d'où vient-il ? Comment a-t-il été fabriqué ? De quels matériaux est-il composé ?... Agir pour l'environnement, cela peut commencer dans les rayons d'un magasin ou devant son ordinateur au moment d'acheter vêtements, voyages, nourritures, produits technologiques...

Lire les étiquettes

Quand tu achètes un produit, il n'est pas toujours facile de savoir s'il a été fabriqué dans le respect de l'homme et de la planète. Pour t'aider, il existe quelques labels ou marques. Apprendre à les connaître, c'est devenir un consommateur citoyen.

Guide de choix

Le collectif « De l'éthique sur l'étiquette » réfléchit à la création d'un label social qui garantirait qu'un produit a été fabriqué dans le respect des conventions de l'Organisation internationale du travail : non-exploitation des enfants, conditions de travail et de salaire correctes...

SOLIDARITÉ AVEC LE SUD

Le commerce équitable est une forme de commerce de produits alimentaires de base (café, sucre, thé, miel, riz...) qui permet aux familles qui les produisent, dans les pays sous-développés, de vivre correctement de leur travail, de pouvoir se soigner et d'envoyer leurs enfants à l'école. Un producteur de bananes qui bénéficie du commerce équitable est payé en moyenne près de 3 fois plus que s'il vendait ses bananes sur le marché international classique.

Naturellement

Manger bio, c'est choisir le goût et la qualité mais c'est aussi et surtout encourager une agriculture respectueuse de la nature.

Labyrinthe

L'association Consodurable informe les consommateurs sur les initiatives des entreprises en faveur du développement durable. L'objectif est de t'aider à choisir des produits qui respectent l'environnement et les droits de l'homme. Pour en savoir plus : www.consodurable.org

Charte du consommacteur

Recopie cette charte du consommateur responsable et affiche-la sur le réfrigérateur.

1
Quand j'achète un produit, je m'informe sur son pays d'origine.

2
Pour privilégier la vie de quartier et limiter mes trajets, j'essaie de faire mes achats dans les commerces proches de chez moi.

3
Je fais mes courses de préférence à pied, en rollers, à vélo ou avec les transports en commun.

4
Je choisis des fruits et des légumes de saison, et produits localement.

5
Je choisis des produits peu ou pas emballés, je trie les emballages et je choisis de préférence des produits rechargeables ou durables.

6
Je choisis des appareils électroménagers peu gourmands en énergie.

7
Quand je peux, je choisis des produits issus du commerce équitable ou qui portent un label écologique.

8
Je donne aux associations mes vieux vêtements, jouets, appareils électroménagers.

9
Je résiste à la pression de la publicité et de la mode.

10
Je m'investis dans une association :
Action Consommation, réseau Consommation citoyenne, réseau Biocoop, réseau Cocagne…

Envoie cette charte par mail à tous tes amis. Ensemble, on est plus forts !

J'achète au bon endroit

Consommer de façon responsable ne signifie pas seulement bien choisir ses produits et ses services mais également choisir son lieu d'achat. Le choix des commerces et la manière de s'y rendre ont des conséquences comme l'augmentation du trafic automobile ou la disparition des commerces de quartier. Alors où acheter ?

Au coin de la rue

Pourquoi ne pas faire ses courses à pied et dans son quartier plutôt qu'en voiture dans des centres commerciaux ? Même si les prix y sont un peu plus élevés, on gagne du temps, on limite la pollution automobile et on maintient en vie les commerces de proximité.

J'adore faire du lèche-vitrines équitable !

Lieux privilégiés

Les magasins spécialisés dans le commerce équitable ou les épiceries bio sont des lieux qui aident à consommer de façon responsable. Pourquoi ne pas visiter une de ces boutiques pour découvrir ce qu'elle propose ?

SKATE CADDIE

Les produits du terroir

Découvre des produits naturels ainsi que leurs modes de fabrication en visitant une ferme de ton département. Plusieurs formules existent.

● Les fermes de découverte t'initieront à l'univers de l'exploitation agricole : comment ça fonctionne, qui fait quoi, les gestes du quotidien...

● Les fermes pédagogiques te proposeront des activités pour te faire découvrir le monde agricole : traire une vache, fabriquer du fromage, récolter...

Le bain des cochons !

Panier-surprise

En s'abonnant aux Jardins de Cocagne,
on reçoit chaque semaine un panier
de fruits et de légumes frais, de saison
et bio. En plus, on aide à la réinsertion
de personnes en difficulté.
Pour connaître le jardin le plus proche
de chez toi : www.reseaucocagne.asso.fr
ou 03 81 21 21 10.

LES MAGASINS PRÉFÉRÉS DES FRANÇAIS

(Chiffres TNS/Sofres 2004 ;
plusieurs réponses étaient possibles.)

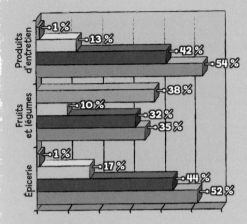

Produits d'entretien : 1 % — 13 % — 42 % — 54 %

Fruits et légumes : 38 % — 10 % — 32 % — 35 %

Épicerie : 1 % — 17 % — 44 % — 52 %

☐ Marchés et magasins traditionnels
☐ Hard Discounts
■ Supermarchés
■ Hypermarchés

Il existe 1 125 hypermarchés
et 7 600 supermarchés en France.

La ferme c'est hyper pollué !!

• Pour les vacances, tu peux proposer
à tes parents de séjourner dans un gîte
ou une chambre d'hôte à la ferme.
En plus de l'hébergement, ces lieux
proposent de nombreuses activités
et une restauration basée sur
les produits fermiers : pain,
fromages, légumes, viande...

Renseigne-toi
auprès de ton comité
départemental du tourisme ou sur
le site www.bienvenue-a-la-ferme.com

La qualité et le goût de l'authentique
sont à côté de chez toi, pars à leur rencontre !

Je limite mes achats

En matière de consommation, le geste le plus efficace pour protéger l'environnement est de ne consommer que l'indispensable.
Il ne s'agit pas de vivre comme au Moyen Âge mais de faire un peu attention et de réfléchir avant d'acheter.

REFUSER : BOYCOTTER !

Pour faire pression sur les entreprises ou manifester ton mécontentement, tu peux refuser d'acheter un produit. Cet acte « politique », apparu à la fin du XIXe siècle en Irlande, s'appelle un boycott. En Angleterre comme aux États-Unis, les consommateurs décrètent facilement un boycott lorsqu'ils considèrent qu'un produit qu'on leur propose dans le commerce n'est pas conforme à leurs attentes en termes de qualité, d'éthique ou de sécurité.

Journée sans achats

Chaque année fin novembre a lieu la journée sans achats. C'est une journée symbolique pendant laquelle tu es invité à ne rien acheter et à réfléchir à la société de consommation : as-tu besoin de 4 paires de basket ? D'où viennent tes envies ? Acheter te rend-il plus heureux ?

Besoin ou désir

Essentiel ou accessoire ? Nos désirs sont nombreux et encouragés par la publicité ou la mode. Nos besoins, eux, sont les mêmes pour tous : se nourrir, s'habiller, se loger, aimer, être aimé, échanger, se cultiver, apprendre, jouer, rire, se détendre...

Patience

Si tu as très envie d'un nouveau vêtement et que tu penses qu'il te le faut absolument, un conseil : attends quelques jours avant de l'acheter. Tu verras si tu en as encore envie ou s'il s'agit d'une impulsion. Voilà une bonne façon de devenir un consommateur responsable !

Troc entre amis

À chaque début de saison, organise un troc entre amis pour échanger livres, disques, vêtements, jeux... dont tu t'es lassé mais qui fera sans doute le bonheur d'un de tes amis.

1. Sélection des objets. Avant le jour J, chacun doit faire le tour de ses placards pour choisir ce dont il veut se débarrasser.

2. Lieu. Choisis un espace assez grand : salon, jardin, garage... Chacun doit pouvoir étaler ses petits trésors sans problème. Essaye aussi de récupérer quelques cintres ou pinces à linge pour présenter les vêtements ou les objets à échanger.

3. Étiquetage. Le principe du troc repose sur l'échange de deux objets de valeur à peu près identique. Nous te proposons donc de réaliser des étiquettes pour classer tous vos objets par tranches de prix : moins de 5 €, de 5 à 10 €, de 10 à 15 €...

Un conseil : plus on est, mieux c'est ! Fais passer l'info autour de toi quelques jours avant.

À la fin de la journée, chacun a plein de nouvelles choses sans avoir mis les pieds dans un magasin. Que d'économies !

Je gère mes déchets

Notre consommation augmente et, avec elle, la taille de nos poubelles. Elles ont doublé en 40 ans ! Pour remédier à ce problème il existe deux solutions. Tout d'abord, au moment de tes achats, il faut faire les bons choix et limiter les emballages. Ensuite, à la maison, il faut trier ses déchets. Ils serviront à fabriquer autre chose.

Au régime !

Pour faire maigrir ta poubelle, **refuse** les sacs en plastique, évite les produits jetables ou les portions individuelles, choisis des produits peu emballés ou avec des emballages recyclables (verre, papier, conserve…), bois l'eau du robinet, choisis une lessive concentrée…

QUE DEVIENNENT NOS DÉCHETS ?

• Les déchets que l'on trie sont ensuite recyclés, c'est-à-dire que l'on fabrique de nouveaux produits à partir de ces produits récupérés. On peut par exemple fabriquer un pull en polaire à partir de 27 bouteilles en plastique.

• Une partie de nos déchets qui n'ont pas été triés sont incinérés. L'énergie dégagée sert à éclairer ou à chauffer des logements.

• Certains déchets, qui n'ont été ni triés ni brûlés, sont stockés dans de grands trous creusés dans le sol. Le biogaz qui s'échappe de leur décomposition est transformé en énergie.

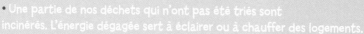

• Les déchets organiques (feuilles, herbes, épluchures, boues de stations d'épuration…) récupérés dans les déchetteries sont compostés, c'est-à-dire transformés en engrais naturels utilisés par des agriculteurs.

Ça peut servir

De nombreux vieux objets, meubles,
appareils usagés ou inutilisés finissent
à la poubelle alors qu'ils pourraient faire
des heureux. Le site www.recupe.net est
un lieu de brocante gratuite où chacun
peut proposer et donner, plutôt que
jeter, ce dont il veut se débarrasser.

Chaque déchet à sa place

Certains déchets peuvent être réutilisés ou recyclés si tu les rapportes au bon endroit.
Relie chaque objet à son lieu de collecte.

OBJETS	LIEUX DE COLLECTE
 Peinture à l'huile •	• Bibliothèques, écoles
Vêtements trop petits •	• Boutique de jeux vidéo
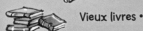 Médicaments périmés •	• Déchetterie
 Piles •	• Pharmacie
Vieux livres •	• Associations caritatives (Emmaüs, Secours catholique, Croix-Rouge…)
Jeux vidéo •	• Horlogers, supermarchés…

Réponses en p. 31.

Pour être recyclés, les produits doivent
être bien triés. Renseigne-toi auprès de ta mairie pour
connaître les consignes de tri et la déchetterie la plus proche de chez toi.

Glossaire

Altermondialiste : personne qui appartient à un mouvement social basé sur l'idée qu'un autre monde est possible, plus soucieux de justice économique, de droits de l'homme ou de préservation de l'environnement.

Consommation : action d'acheter et d'utiliser des produits, des services ou de l'énergie pour satisfaire ses différents besoins (nourriture, habillement, logement, chauffage, loisirs…).

Crédit à la consommation : il s'agit d'une somme d'argent prêtée par une banque à une personne pour qu'elle puisse acheter des biens et des services (voiture, voyage, meuble…). Elle devra ensuite rembourser cette somme chaque mois, par petits bouts.

Empreinte écologique : surface de terre nécessaire, calculée en hectares (ha), pour subvenir aux besoins d'une personne ou d'une population et pour absorber leurs déchets.

Grande distribution : ensemble des magasins du type supérettes, supermarchés, hypermarchés, grands magasins et grandes surfaces spécialisées. Elle s'oppose au commerce traditionnel de proximité : petites épiceries, cordonneries, boulangeries, fleuristes…

Pouvoir d'achat : cela correspond à ce que peut s'acheter une personne en fonction de ses revenus, c'est-à-dire de l'argent qu'elle gagne.

Produit durable : contrairement à un produit jetable, un produit durable a une certaine durée de vie et s'utilise plusieurs fois. Par exemple, une assiette en carton est un produit jetable tandis qu'une assiette en porcelaine est un produit durable.

Publicité : activité et moyen utilisés pour faire connaître une marque ou inciter les consommateurs à acheter un produit ou à utiliser un service.

Services : contrairement aux biens matériels, les services sont des prestations plus abstraites apportées au consommateur par une entreprise. On ne peut pas les garder ou les stocker. Exemple : assurance, garantie, dépannage, voyage, coupe de cheveux…

Société de consommation : société dans laquelle une majorité de la population dispose d'assez d'argent pour couvrir ses besoins essentiels (nourriture, logement, santé…) mais également pour satisfaire des besoins moins essentiels (cinéma, décoration, nombreux vêtements…).

Pour en savoir plus

Sites Internet

• www.ecologie.gouv.fr, rubrique « développement durable »
puis « production et consommation durables ».
• www.prodimarques.com : ce site apporte une multitude d'informations
sur les marques : origine, fonction, rôle économique, contrefaçons...
• www.wwf.fr : de nombreuses informations sur le développement durable
et une rubrique pour calculer ton empreinte écologique.
• www.conso.net : le site de l'Institut national de la consommation.

Associations de consommateurs sur Internet

www.actionconsommation.org   www.ethique-sur-etiquette.org
www.biocoop.fr   www.leolagrange-conso.org
www.consommation-citoyenne.org   www.reseaucocagne.asso.fr

Boutiques du commerce équitable sur Internet

www.alterafrica.com : produits africains.
www.alterecodirect.com : produits alimentaires.
www.commercequitable.com : produits cosmétiques.
www.ornibus.com : jouets, vêtements, alimentation, soins du corps.

SOLUTION DES JEUX

Réponses du jeu page 12-13
• Tu as un maximum de ★ :
Bravo ! Ton empreinte écologique semble peu élevée.
• Tu as un maximum de ■ :
Peut mieux faire ! En adoptant des réflexes légèrement
différents, tu peux réduire facilement ton empreinte
écologique.
• Tu as un maximum de ● :
Pas terrible ! Réfléchis à ce que tu pourrais changer :
trier tes déchets ? Aller à l'école à vélo ?

Réponses du jeu page 15
1/H ; 2/I ; 3/G ; 4/A ; 5/B ; 6/C ; 7/D ; 8/F ; 9/E.

Réponses du jeu page 29
Peinture à l'huile/déchetterie - vêtements trop petits/
associations caritatives - médicaments périmés/
pharmacie - piles/déchetterie ou horlogers,
supermarchés... - vieux livres/bibliothèques, écoles -
jeux vidéo/boutique de jeux vidéo.

Dans la même collection

J'aime ma planète

L'air et sa pollution

L'alimentation

Le bruit

La consommation

Les déchets

L'eau

L'énergie

Les espèces menacées

Les grandes pollutions

L'intérieur de ce livre est imprimé sur du papier
dont les conditions de fabrication contribuent à préserver l'environnement.

www.editionsmilan.com

© 2007 Éditions MILAN – 300, rue Léon-Joulin, 31101 Toulouse Cedex 9, France.
Droits de traduction et de reproduction réservés pour tous les pays.
Toute reproduction, même partielle, de cet ouvrage est interdite.
Une copie ou reproduction par quelque procédé que ce soit, photographie, microfilm,
bande magnétique, disque ou autre, constitue une contrefaçon passible des peines
prévues par la loi du 11 mars 1957 sur la protection des droits d'auteur.
Loi 49.956 du 16.07.1949
ISBN : 978.2.7459.2415.5
Dépôt légal : 1er trimestre 2007
Imprimé en France chez Fournié